FULL SCORE

WSO-18-002
<吹奏楽オリジナルPOPS楽譜>

TRY!

黒川さやか　作曲

楽器編成表		
木管楽器	金管・弦楽器	打楽器・その他
Piccolo	B♭ Trumpet 1	Drums
Flutes 1 & 2	B♭ Trumpet 2	Percussion 1
Oboe	B♭ Trumpet 3	...Tambourine
Bassoon	F Horns 1 & 2	Percussion 2
E♭ Clarinet	F Horns 3 & 4	...Triangle, Claves
B♭ Clarinet 1	Trombone 1	Percussion 3
B♭ Clarinet 2	Trombone 2	...Cowbell, Wind Chime
B♭ Clarinet 3	Bass Trombone	Percussion 4
Bass Clarinet	Euphonium	...Glockenspiel
Alto Saxophone 1	Tuba	
Alto Saxophone 2	String Bass	
Tenor Saxophone		Full Score
Baritone Saxophone		

TRY!

◆曲目解説◆

　『TRY!』というタイトルから着想し、強く挑戦的で泥臭く一生懸命なイメージを経て作られた、ほのかに渋い雰囲気が漂うオリジナルポップス作品。輝かしいサウンドで幕が開けると、ノリのいいビートに乗せて、どこか懐かしさをおぼえる音楽が始まります。楽曲全体を通してシンプルな構成となっており、難易度も低めに設定されてるので演奏しやすいですが、演奏効果は高く華やかなサウンドを堪能できます。コンサートにおすすめの一曲。

札幌創成高等学校吹奏楽部委嘱作品

◆編曲者からのコメント◆

　この曲は、札幌創成高等学校吹奏楽部様より委嘱を頂き、2017年10月20日の第15回定期演奏会にて初演されました。
　先方が希望されたタイトル『TRY!』から連想したのは、一生懸命とか前向きとか、明るく爽やか等、"陽"のイメージがとても強く、初めはその様な構成で幾つか考えましたが… 強く、挑戦的で泥臭く一生懸命なイメージだとどうだろうと考え直した結果、ほのかに渋い雰囲気が漂うポップスに仕上がりました。
　難易度が低く、割とシンプルなメロディーや構成で演奏しやすい曲を意識して作りました。テンポも初めから終わりまで一定なので、スタンドプレイや踊り等のステージ演出で、華やかに彩っていただけると嬉しいです。
　中間で、アルトサックスとトロンボーンのソロが入ります。音を入れてありますが、曲の雰囲気が掴めたら自由に演奏していただいても楽しいと思います。勿論、別の楽器でソロを回したり、〔H〕のフルート＆クラリネットのメロディーのところをソロにして自由に演奏したり… 各々のステージ演出に合うような構成にしてもらうのも良いかもしれません。
　ちょっと渋い世界観。ステージ等で演奏していただけると嬉しいです。

(by 黒川さやか)

◆黒川さやか　プロフィール◆

　1981年3月29日、千葉県成田市生まれ。
　幼少の時にピアノ、中学校で吹奏楽部に入部し、パーカッションを始める。中学の時、ヤマハジュニアオリジナルコンサート千葉県大会出場、文英堂の全国中学校歌曲創作コンクールにて全国第3位受賞。これらがきっかけとなり次第に作編曲に興味を持ちはじめる。高校卒業後、東京ミュージック＆メディアアーツ尚美に入学。作曲を近藤裕子氏、篠崎秀樹氏に師事。ビッグバンド、映像・劇伴を中心に様々なジャンルの音楽を学び、在学中から映像・FM音楽等の外部制作会社の仕事に携わる。卒業後から現在まで、ビッグバンド、ホーンバンド、ミュージカル等の舞台音楽、教材音楽やインディーズ映画等、様々な作編曲を行っている。

ご注文について

ウィンズスコアの商品は全国の楽器店、ならびに書店にてお求めになれますが、店頭でのご購入が困難な場合、当社PC&モバイルサイト・FAX・電話からのご注文で、直接ご購入が可能です。

◎当社PCサイトでのご注文方法

http://www.winds-score.com
上記のURLへアクセスし、WEBショップにてご注文ください。

◎FAXでのご注文方法

FAX.03-6809-0594
24時間、ご注文を承ります。当社サイトよりFAXご注文用紙をダウンロードし、印刷、ご記入の上ご送信ください。

◎電話でのご注文方法

TEL.0120-713-771
営業時間内にお電話いただければ、電話にてご注文を承ります。

◎モバイルサイトでのご注文方法

右のQRコードを読み取ってアクセスいただくか、URLを直接ご入力ください。

※この出版物の全部または一部を権利者に無断で複製(コピー)することは、著作権の侵害にあたり、著作権法により罰せられます。

※造本には十分注意しておりますが、万一落丁乱丁などの不良品がありましたらお取替え致します。また、ご意見ご感想もホームページより受け付けておりますので、お気軽にお問い合わせください。

Piccolo

TRY!

黒川 さやか 作曲

Flute 1&2

TRY!

黒川 さやか 作曲

Oboe

TRY!

黒川 さやか 作曲

Bassoon

TRY!

黒川 さやか 作曲

E♭ Clarinet

TRY!

黒川 さやか 作曲

B♭ Clarinet 1

TRY!

黒川 さやか 作曲

B♭ Clarinet 3

TRY!

黒川 さやか 作曲

Alto Saxophone 1

TRY!

黒川 さやか 作曲

Alto Saxophone 2

TRY!

黒川 さやか 作曲

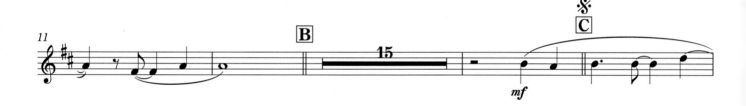

TRY!

Tenor Saxophone

黒川 さやか 作曲

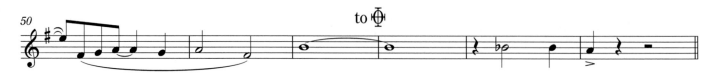

TRY!

Baritone Saxophone

黒川 さやか 作曲

F Horns 1&2

TRY!

黒川 さやか 作曲

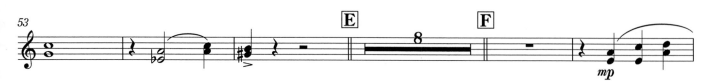

F Horns 3&4

TRY!

黒川 さやか 作曲

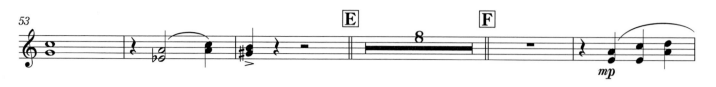

TRY!

Trombone 1

黒川 さやか 作曲

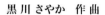

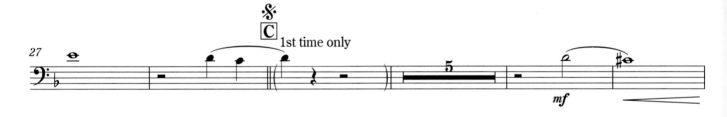

Trombone 2

TRY!

黒川 さやか 作曲

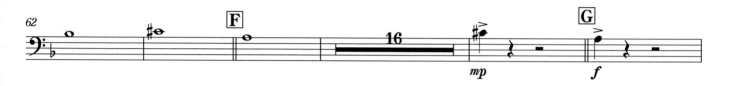

Bass Trombone

TRY!

黒川 さやか 作曲

TRY!

Euphonium

黒川 さやか 作曲

Percussion 1
Tambourine

TRY!

黒川 さやか 作曲

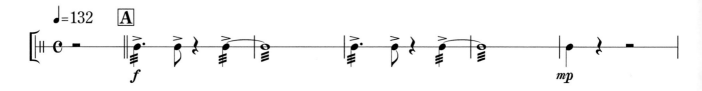

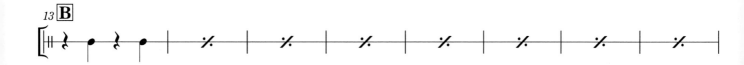
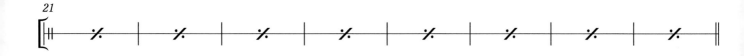
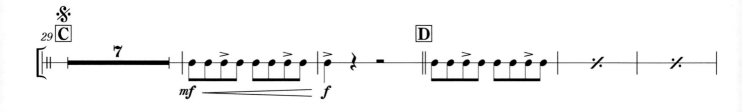

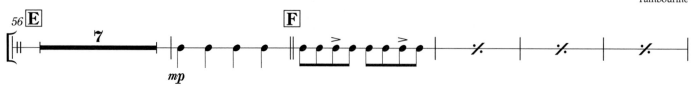

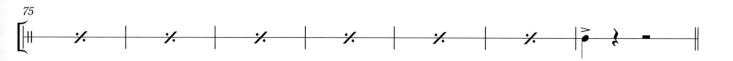

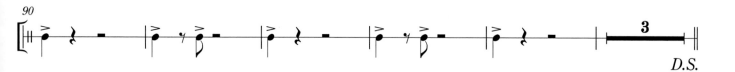

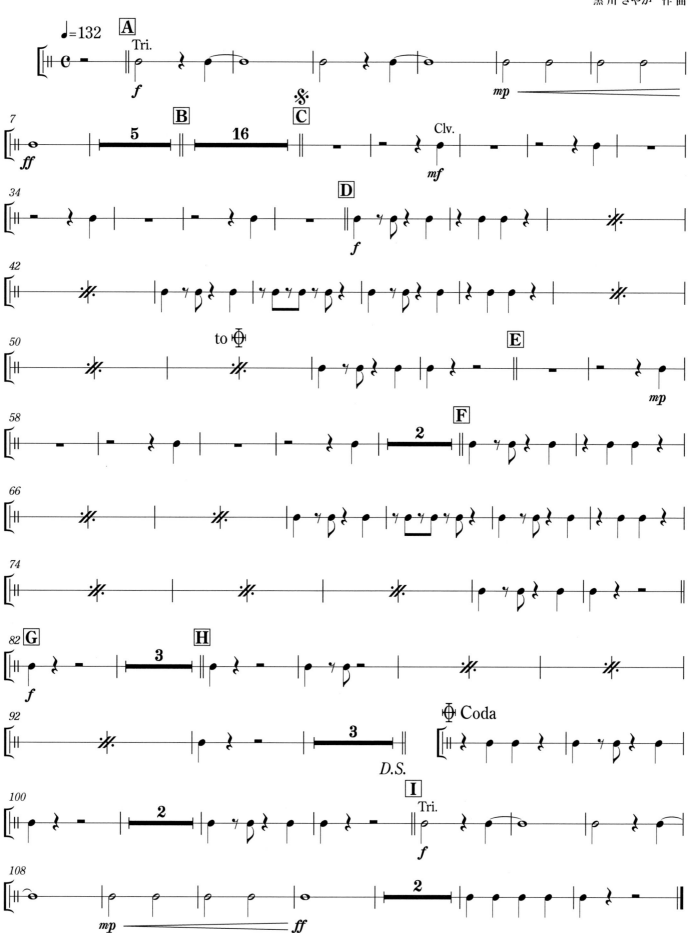

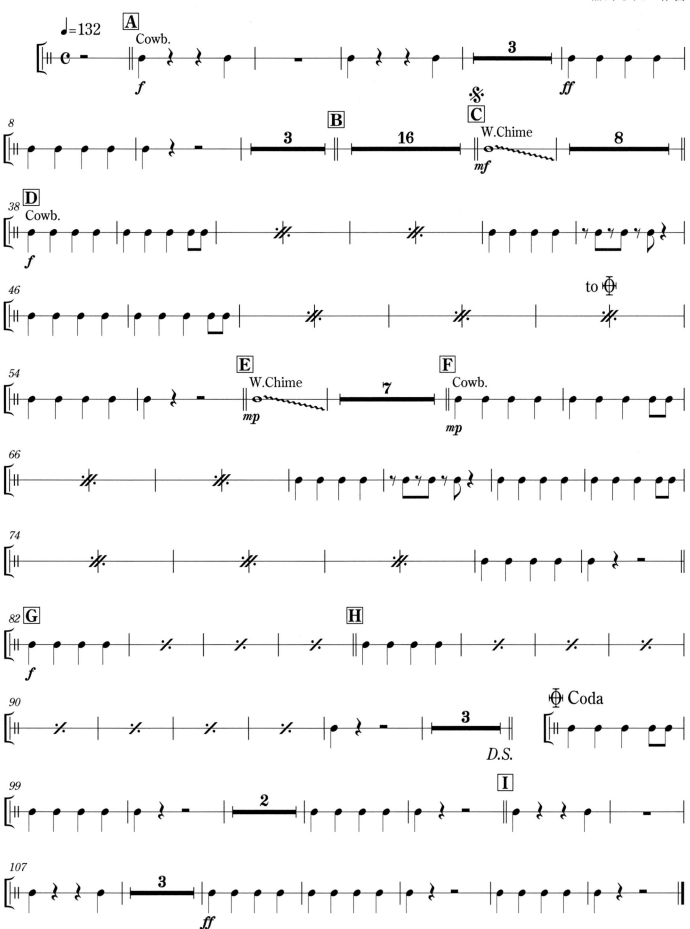